¿Cómo se siembra una planta?

Christina Hill, M.A.

Asesoras

Sally Creel, Ed.D.
Asesora de currículo

Leann Iacuone, M.A.T., NBCT, ATC
Riverside Unified School District

Jill Tobin
Semifinalista
Maestro del año de California
Burbank Unified School District

Créditos de imágenes: págs.3, 8–9 iStock; pág.4
Rick Goldwasser Photography/Flickr (CC-BY);
págs.20–21 (ilustraciones) Chris Sabatino; todas las
demás imágenes cortesía de Shutterstock.

Teacher Created Materials
5301 Oceanus Drive
Huntington Beach, CA 92649-1030
http://www.tcmpub.com
ISBN 978-1-4258-4641-1

Contenido

Ciclo de vida

Las plantas son seres vivos que crecen y cambian con el tiempo.

Árbol abuelo

¡El árbol más antiguo tiene más de 4,000 años de edad!

Tienen **ciclos de vida**.

Una planta comienza el ciclo de vida como una semilla.

La semilla necesita agua, aire, tierra y luz del sol.

Primero, la semilla desarrolla **raíces** en el suelo, o la tierra.

Las raíces ayudan a que la planta **absorba** agua.

Este árbol tiene raíces grandes que lo ayudan a obtener agua.

Luego, crece el **tallo**.

Esta planta desarrolla raíces y luego un tallo.

El tallo lleva agua y comida a través de la planta.

Tallos grandes
¡El tronco de un árbol es solo un tallo enorme!

La planta también desarrolla **hojas**.
Las hojas absorben la luz del sol.

Muchas hojas

Hay muchos tipos de hojas.
Tienen distintas formas y
tamaños.

La luz del sol ayuda a la planta a hacer alimento.

Algunas plantas desarrollan **flores.**

Esta es una flor amarilla de diente de león.

Las flores hacen semillas que crecen y se convierten en plantas nuevas.

Esta niña sopla las semillas del diente de león.

Plantas nuevas

La planta nueva se parecerá a la planta madre.

Crece una planta nueva de una semilla de maíz.

La nueva planta tendrá hojas y semillas también.

Crecen nuevas semillas dentro de estos tomates.

semillas

¡El ciclo de vida comienza de nuevo!

hojas

flores

tallo

raíces

¡Hagamos ciencia!

¿Cuáles son las partes de una planta?
¡Intenta esto y verás!

Qué conseguir

- ○ papel y lápiz

- ○ tijeras

- ○ una planta (con raíces)

Qué hacer

1 Observa tu planta atentamente. ¿Cuáles son las distintas partes?

2 Corta tu planta con cuidado. Ordena las partes.

3 Haz un cuadro como este. Coloca las partes de la planta en el cuadro.

hojas	
tallos	
raíces	
flores	

4 Cuéntale a alguien cómo ordenaste las partes de la planta. Habla sobre lo que crees que hace cada parte.

Glosario

absorba: consuma o tome

ciclos de vida: series de etapas que experimentan los seres vivos mientras crecen

flores: las partes de la planta que hacen semillas

hojas: las partes planas de la planta que crecen del tallo

raíces: las partes de una planta que crecen debajo de la tierra y absorben agua

tallo: la parte de una planta que sostiene las hojas y las flores

Índice

¡Tu turno!

Plantas sabrosas

Comemos muchas partes de las plantas. Los guisantes son semillas. Las zanahorias son raíces. La lechuga es una hoja. El brócoli es una flor. Haz una lista de las plantas que más te gusta comer. ¿De qué parte de la planta provienen?